short story

For Kids

قصة قصيرة للاطفال

Published By

Anas.Sb

The Forbidden Fruit
A bedtime story of the Prophet Adam
From an Islamic perspective

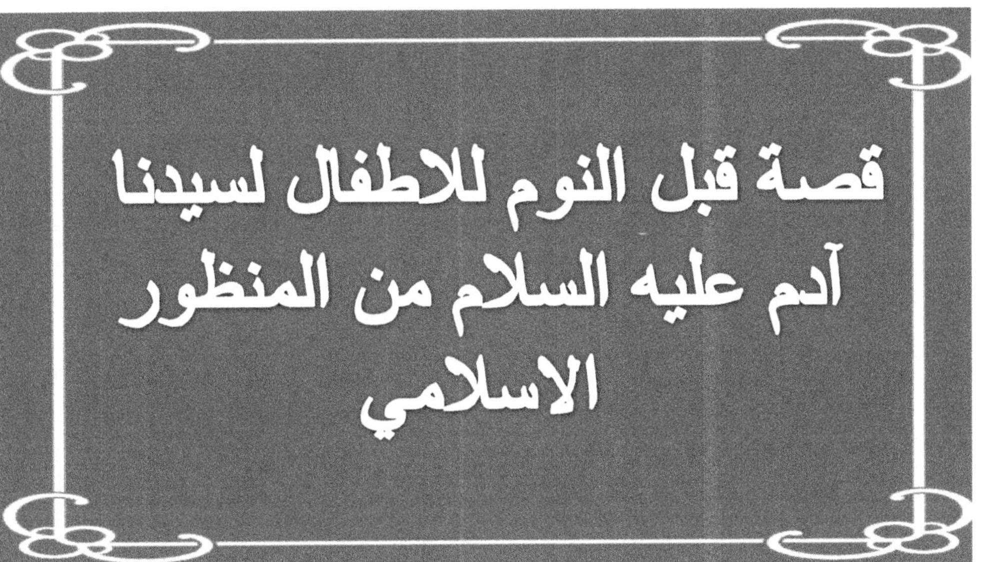

فِي غَابِرِ الزَّمَانِ حَيْثُ لَمْ يَكُنْ هُنَاكَ أَحَدٌ سِوَى الْوَاحِدُ الْفَرْدُ الصَّمَد، خَلَقَ اللهُ الْكَوْنَ وَ بَدَأَ تَكْوِينَهُ مِنْ عَدَمٍ فَرَفَعَ السَّمَاوَاتِ وَ شَكَّلَ الْأَرْضَ وَ الْكَوَاكِب وَ زَيَّنَ السَّمَاوَاتِ بِالنُّجُومِ وَ الشَّمْسِ الْمُشْتَعِلَةِ و الْقَمَرِ الْمُنِيرِ.

كَمَا خَلَقَ كَوْكَبَنَا الْأَرْضَ بِشَكْلِهِ الْحَالِي الْمُتْقَنِ، فَأَرْسَى بِهِ الْجِبَالَ وَ شَكَّلَ بِحَارَهُ وَ أَنْهَارَهُ وَ وَفَّرَ فِيهِ سُبْحَانَهُ الظُّرُوفَ الْمُنَاسِبَةَ لِلْعَيْشِ وَ الْحَيَاةِ.

In a very long time, Allah was alone and nothing was with Him, and God created the universe in which we live and created the skies and earth and decorated them with the planets, the stars, the sun and the moon and the planet earth as we know it. .

خَلَقَ اللهُ السَّمَاءَ وَ الأَرْضَ وَ مَا بِهَا مِنَ الْكَائِنَاتِ الْحَيَّةِ مِنْ حَيَوانَاتٍ وَ طُيُورٍ وَ زَوَاحِفَ وَ أَشْجَارَ وَ نَبَاتَاتٍ وَ حَشَرَاتٍ وَ سَلَاسِلَ جَبَلِيَّةٍ وَ مُحِيطَاتٍ وَ أَسْمَاكٍ فِي سِتَّةِ أَيَّامٍ.

لِتُصْبِحَ بِذَلِكَ الأَرْضُ جَاهِزَةً لِاسْتِقْبَالِ خَلِيفَةِ الرَّحْمَانِ وَ أَحَدِ أَسْمَى مَخْلُوقَاتِهِ وَ أَحْسَنِهَا مِنْ بَيْنِ جَمِيعِ الْمَخْلُوقَاتِ.

On earth, God created rivers and seas, and it was raised by grass and trees, and mountains rose on the surface.

God then created all the living things, from fish in the sea, birds in the sky, animals and reptiles on land, all this was done in six days.

عِنْدَهَا جَمَعَ اللهُ مَلَائِكَتَهُ الْكِرَامِ وَ خَاطَبَهُمْ قَائِلاً: "سَأَخْلُقُ بَشَرًا لِيَكُونُوا عِبَادِي وَ خُلَفَائِي فِي الأَرْضِ فَيُعَمِّرُوهَا وَ يَسْكُنُوا فِيهَا".

فَقَالَتِ الْمَلَائِكَةُ "أَتَجْعَلُ فِيهَا سُبْحَانَكَ مَنْ يَنْشُرُ الْخَرَابَ وَ يُفْسِدُ فِيهَا".

God gathered the angels and told them: "I will create a man who will be my successor in the earth to serve me and to give life to it".

The angels were worried that this human being will be corrupted while they praise Allah continuously.

فَأَجَابَهُمُ اللهُ أَنَّهُ يَعْلَمُ مَا لَا يَعْلَمُونَ، فَخَلَقَ أَوَّلَ الْبَشَرِ "آدم" مِنْ تُرَابِ الْأَرْضِ فَسَوَّاهُ فِي أَحْسَنِ الْأَشْكَالِ وَ نَفَخَ فِيهِ مِنْ رُوحِهِ.

وَ عَلَّمَهُ بَعْدَ ذَلِكَ كَلِمَاتِ كُلِّ شَيْءٍ حَتَّى تُسَاعِدَهُ فِيمَا بعد فِي عَلاقَتِهِ بِخَالِقِهِ وَ كَذَا مَا يَنْتَظِرُهُ وَ ذُرِّيَتَهُ مِنْ تَكْلِيفٍ وَ مَسْؤُولِيَةٍ.

Allah told them that He knew what they did not know, so Allah created the first man Adam from earth and mud, he created him in the best possible manner and inflated his soul and later he was taught the names of everything in the universe, from planets, stars, birds, trees, mountains and rivers...

عِنْدَهَا أَمَرَ اللهُ سُبْحَانَهُ وَ تَعَالَى الْمَلَائِكَةَ بِالسُّجُودِ لِمَخْلُوقِهِ الْجَدِيدِ، فَسَجَدُوا جَمِيعًا بِاسْتِثْنَاءِ "إِبْلِيسُ" أَحَدُ الْمُقَرَّبِينَ الْمُتَعَبِّدِينَ الَّذِي مَنَعَهُ تَكَبُّرُهُ مِن تَنْفِيذِ أَمْرِ الرَّحْمَانِ وَ السُّجُودِ لِآدَمَ.

لَمْ يَتَقَبَّلْ الجنُ إِبْلِيسُ أَنْ يَسْجُدَ لِمَخْلُوقٍ مِنْ تُرَابٍ قَائِلاً : "أَنا أَحْسَنُ مِنْهُ وَ أَفْضَلُ لِأَنِّي مَخْلُوقٌ مِنْ نَارٍ وَ هَوَ مَخْلُوقٌ مِنْ تُرَابٍ".

عِنْدَهَا عَاقَبَهُ اللهُ وَ غَضِبَ عَلَيْهِ فَأَخْرَجَهُ مِنْ رَحْمَتِهِ وَ طَرَدَهُ مِنْ جَنَّتَة.

God ordered the angels to kneel to Adam, they obeyed Allah and did as they were told, but the angel "Iblis" who was the closest to the Throne of God refused to do so as he thought he was better than Adam.

For that, Iblis was banished from heaven.

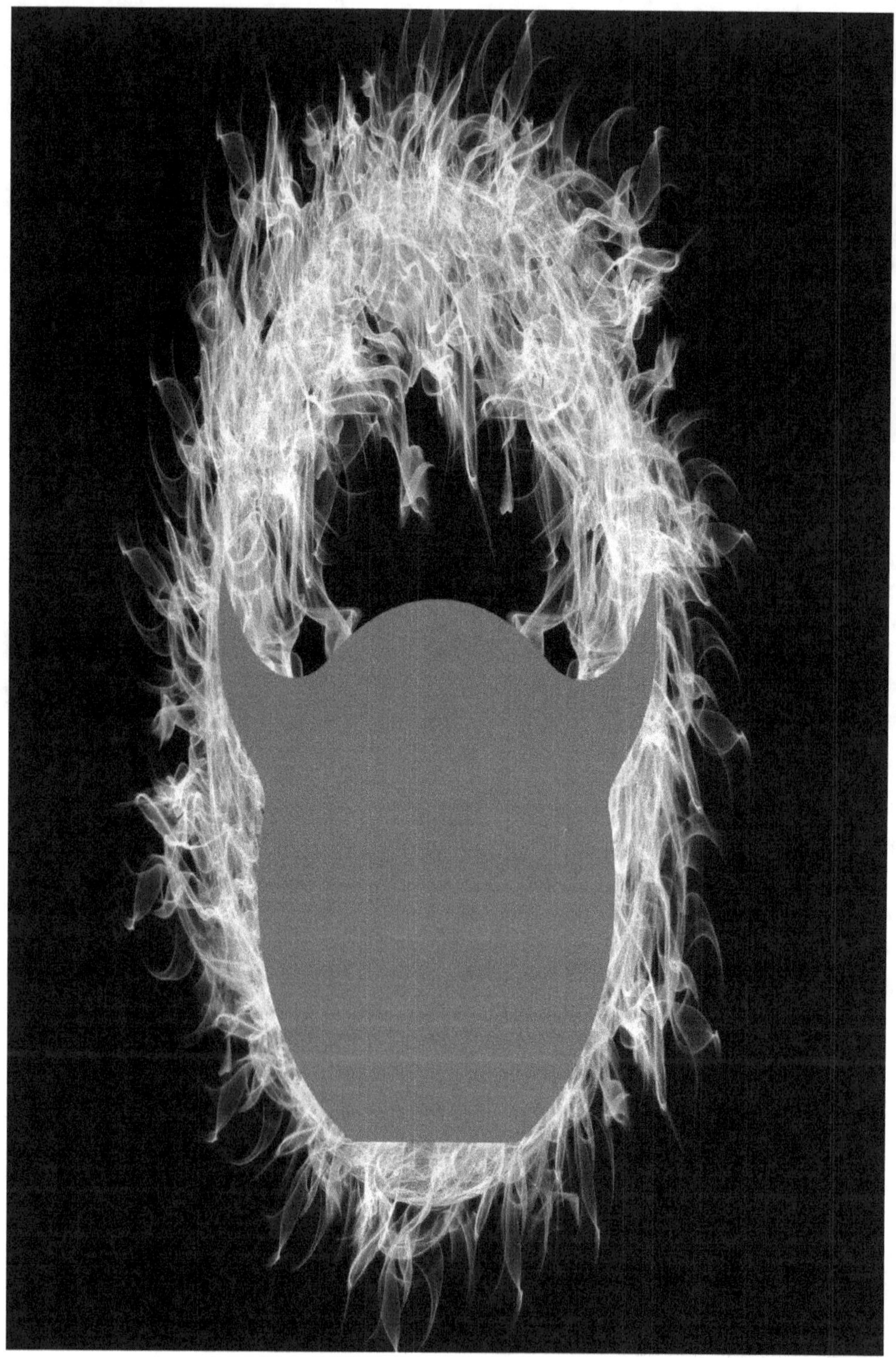

بَعْدَهَا خَلَقَ الله لآدم زَوْجًا لَه إسمُها "حواء" و أَسْكَنَهُمَا الْجَنَّة وَ أَمَرَهُمَا أَنْ لا يَقْتَرِبَا مِنَ الشَّجَرَة وَ أَلَّا يَأْكُلَان مِنْها.

لَكِنَّ إِبْلِيسَ تَرَبَّصَ بِهِمَا وَ أَخَذَ يُزَيِّنُ لَهُمَا الشَّجَرة وَ يَدْعُوهُمَا لِلِاقْتِرَاب مِنْهَا.

God created Adam's wife, Eve, and God dwells both of them in heaven and told them to eat from all the trees except one and warned them of Iblis not to change their minds.

قَبْلَ أَنْ يَنْجَحَ الشَّيْطَانُ الرَّجِيمُ فِي مُهِمَّتِهِ وَ يُغْوِيَ آدَمَ وَ حَوَّاءَ بِالأَكْلِ مِنَ الشَّجَرَةِ بَعْدَمَا أَقْنَعَهُمَا أَنَّ فِيهَا سِرَّ الخُلُودِ.

وَ بِوَسْوَسَتِهِ ارْتَكَبَ أَدَمُ وَ زَوْجُهُ أَوَّلَ خَطِيئَةٍ بَعْدَمَا لَمْ يَلْتَزِمُوا بِأَوَامِرِ الخَالِقِ وَ صَدَّقُوا وُعُودَ إِبْلِيسَ اللَّعِينَ رَغْمَ التَّحْذِيرِ مِنْهُ.

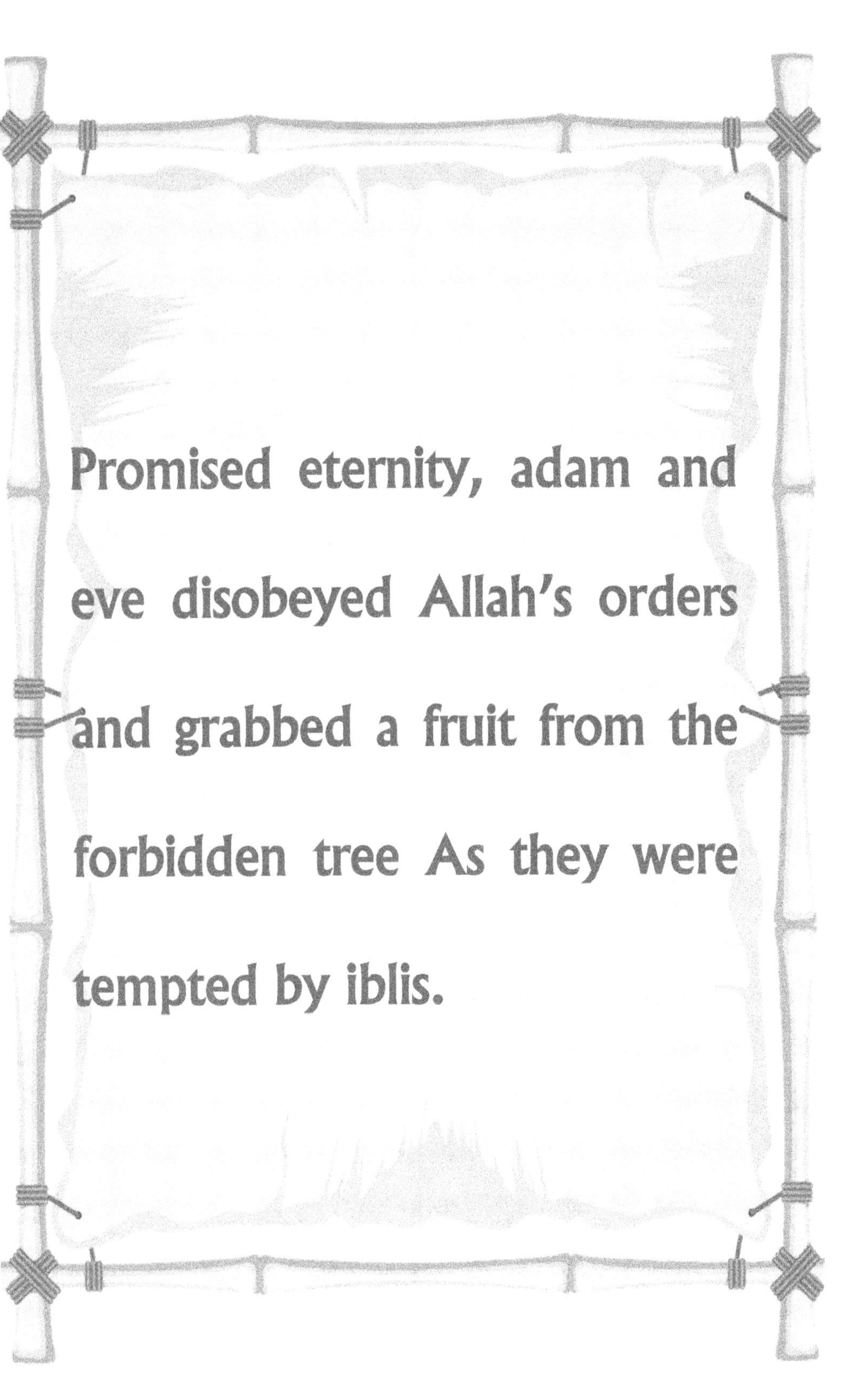

Promised eternity, adam and eve disobeyed Allah's orders and grabbed a fruit from the forbidden tree As they were tempted by iblis.

و بِفِعْلَتِهِ تِلْكَ عَرَفَ أَدَمُ خَطِئَهُ و أَبْدَى نَدَمَهُ بَعْدَمَا عَرَفَ أَنَّ الشَّيْطانَ "إِبليس" عَدُوٌّ لَهُ و لَمْ يَكُنْ من الصَّالِح أَنْ يَسْتَمِعَ لِكَلَامِهِ.

فَتَوَجَّهَ إِلَى الله بِالدّعَاءِ طَلَباً للمَغْفِرةِ، فَتَقَبَّلَ الله ثَوْبَتَهُ و غَفَرَ لَهُ بَعْدَمَا أَخْرَجَهُ مِنَ الْجَنَّةِ إِلَى الأَرْضِ لِيَعِيشَ حَيَاةً جَديدَةً مَعَ تَحْذِيرِهِ مِنْ أَنَّ إِبْليسَ سَيَبْقَى عَدُوَّهُ الدَّائِمَ إِلَى أَنْ يَرِثَ الله الارْضَ و مَنْ عَلَيْهَا.

Regretting what he did, Adam asked for forgiveness from Allah who told him that he should not have listened to "Iblis".

Allah forgave Adam and Eve and warned them that Iblis will forever be the eternal enemy for all human kind.

وَ بِنُزُولِ آدَمَ وَ حَوَّاءَ إِلَى الأَرْضِ بَدَأَتْ قِصَّةُ التَّكْلِيفِ وِ تَعْمِيرِ الأَرْضِ، غَيْرَ أَنَّهُمَا لَمْ يَكُونَا وَحِيدَيْنِ فِي جَنَّةِ الأَرْضِ فَقَدْ كَانَ إِبْلِيسُ وَ لَايَزَالُ يَقِفُ فِي طَرِيقِ أَبْنَاءِهِمَ الى يَوْمِنَا هَذَا وَ يُبْعِدُهُمْ عَنْ طَرِيقِ الحَقِّ وَ عَنْ كُلْ مَا مِنْ شَأْنِهِ تَحْقِيقُ الهَدَفْ الَّذِي تَمَّ خَلْقُهُمْ لِأَجْلِهِ أَلَا وَ هُوَ عِبَادَةُ الله وَ تَوْحِيدُهُ وَ الإِلْتِزَامُ بِأَوَامِرِهِ.

Adam was sent with his wife Eve to earth to live in and populate it, but they were not alone, Iblis was there too to achieve his goal to tempt all humans born after Adam and push them away from Allah's righteous path.

هَذِهِ هِيَ قِصَّةُ الْخَلْقِ الْأَوَّلِ وَ كَيْفَ خَلَقَ اللهُ آدَمَ وَ حَوَّاءَ وَ أَرْسَلُهُمَا إِلَى الْأَرْضِ لِلتَّكَاثُرِ وَ تَكْوِينِ الْعَشَائِرِ وِ الْقَبَائِلِ وَ الْأُمَمِ وَ الْحَضَارَاتِ إِلَى يَومِنَا هَذَا.

وَ يَبَقَى التَّكْلِيفُ هُوَ الْأَمَانَةَ الَّتِي اخْتَارَ الْإِنْسَانُ بِإِرَادَتِهِ تَحَمُّلَهَا بَعْدَمَا رَفَضَتْهَا جَمِيعُ الْمَخْلُوقَاتِ وَ أَشْفَقَتْ مِنْهَا.

That is how the universe started; that is how the first humans were created and sent to it, which will lead to many other communities and civilizations till the day we are living now, till the end of Time.

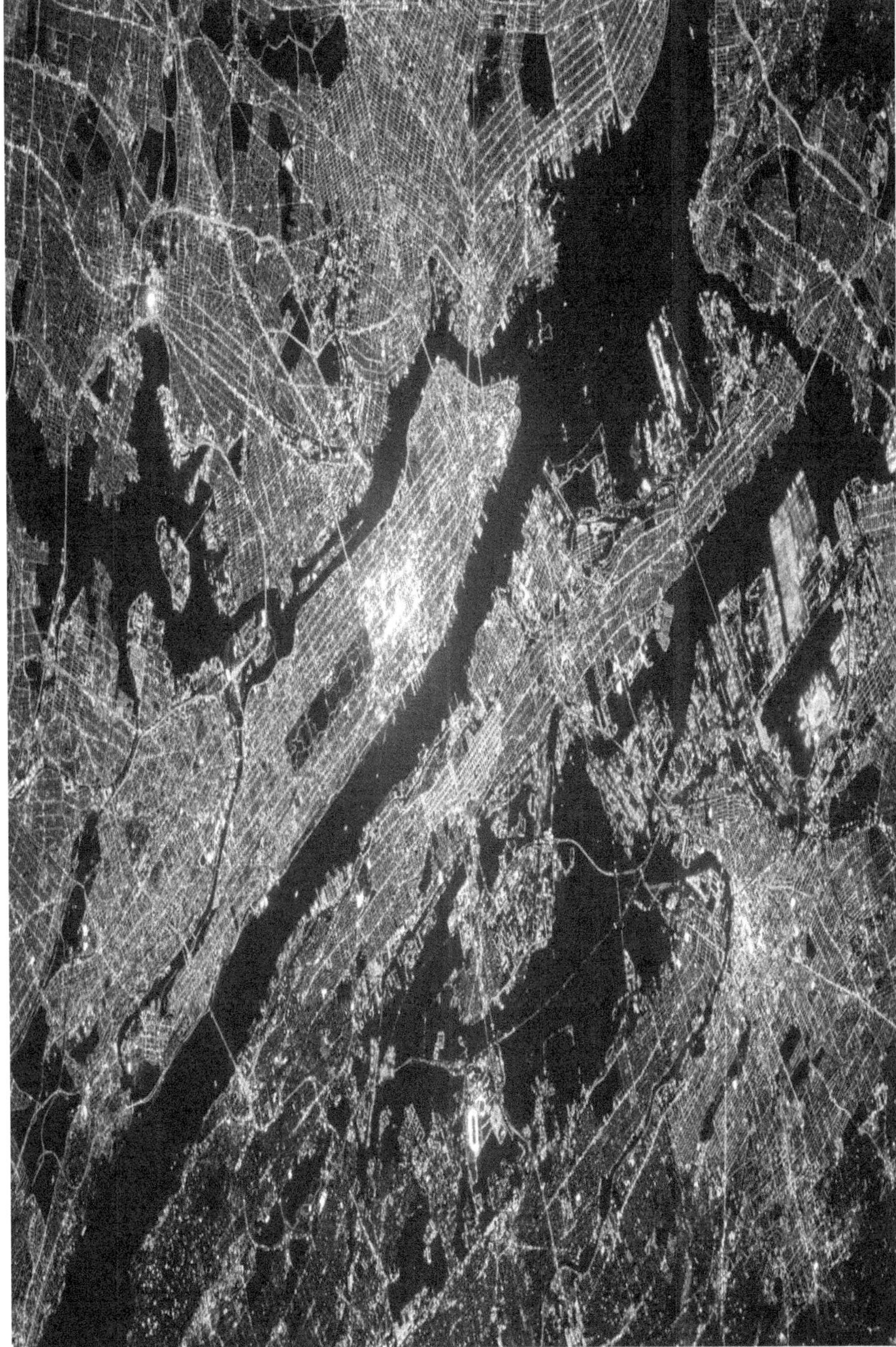

اسئلة للفهم

من هم شخصيات القصة؟

بِماذا اقنع ابليس ادم و حواء للاكل من الشجرة؟

ما هو الدرس الذي يمكن أن نَستفيده من قصة سيدنا ادم؟

Quiz

Who are the main characters in this story?

How did iblis tempet adam and eve?

What are the lessons that you learned from adam's story?

النهاية

9 798648 400122